기독교문서선교회 (Christian Literature Center: 약칭 CLC)는 1941년 영국 콜체스터에서 켄 아담스에 의해 시작되었으며 국제 본부는 미국 필라델피아에 있습니다. 국제 CLC는 59개 나라에서 180개의 본부를 두고, 약 650여 명의 선교사들이 이동도서차량 40대를 이용하여 문서 보급에 힘쓰고 있으며 이메일 주문을 통해 130여 국으로 책을 공급하고 있습니다. 한국 CLC는 청교도적 복음주의 신학과 신앙서적을 출판하는 문서선교기관으로서, 한 영혼이라도 구원되길 소망하면서 주님이 오시는 그날까지 최선을 다할 것입니다.

직업에 걸려든 소명

God's calling caught up in man's career
Written by Youngduk Park
All rights reserved.
Korean Edition Copyright ⓒ 2021 by Christian Literature Center, Seoul, Korea.

직업에 걸려든 소명

2021년 11월 30일 개정판 발행

지은이　｜　박영덕

편　집　｜　유동운
디자인　｜　이지언
펴낸곳　｜　(사)기독교문서선교회
등　록　｜　제16-25호(1980.1.18.)
주　소　｜　서울특별시 서초구 방배로 68
전　화　｜　02-586-8761~3(본사) 031-942-8761(영업부)
팩　스　｜　02-523-0131(본사) 031-942-8763(영업부)
이메일　｜　clckor@gmail.com
홈페이지　｜　www.clcbook.com
송금계좌　｜　기업은행 073-000308-04-020 (사)기독교문서선교회
일련번호　｜　2021-115

ISBN 978-89-341-2345-3 (03230)

이 책의 저작권은 저자와 (사)기독교문서선교회가 소유합니다. 신저작권법에 의하여 한국 내에서 보호받는 저작물이므로 무단 전재와 무단 복제를 금합니다.

직업에 걸려든 소명

소명

직업

박영덕 지음

CLC

목차

저자 서문	5
제1장 하나님께서 주신 사명	**7**
1. 예수님의 사명	7
2. 우리의 사명	9
3. 우리의 사명에 따른 비전	10
제2장 사명 수행의 걸림돌	**13**
1. 전임 사역자에게만 주어진 명령이라고 오해한 경우	13
2. 자녀답게 살라는 명령을 사명으로 오해한 경우 (삶과 사명의 혼동)	15
3. 아예 또 다른 사명이 있다고 주장한 경우	18
제3장 어떻게 사명을 이룰까?	**41**
1. 이런 상황에서 우리의 사명을 감당하기 위한 6가지 제안	42
2. 사명 감당의 실제적 방법 제안	56
맺는말	**59**
참고 문헌	**62**

저자 서문

박 영 덕 목사

 이 책을 써야겠다고 마음을 먹은 것은 꽤 오래 전이었습니다. 그러나 시간이 부족했고, 또 어디서부터 써야 할지 몰라 많이 고민하다가 이번에 뜻을 정하고 조금씩 생각들을 정리해 보았습니다. 이 글을 쓰면서 제 자신의 한계를 많이 느꼈고, 독자들 중에 실제 이 글을 읽고 깨닫는 만큼 도전하고 실천하면서 일생을 보낼 사람이 얼마나 될지 하는 생각에 다소 망설이기도 했습니다.

 그러나 저는 이 책을 쓰지 않을 수 없었습니다. 그것은 제가 그동안 성경을 연구하며 깨달은 것과 현실이 많이 달랐기 때문이며, 사역하면서 이 문제가 정리되지 않은 상태로 사는 성도들을 많이 만났기 때문입니다.

 분명 주님께서 우리 인생들에게 복되고 의미 있게 살도록 사명을 주셨는데, 이 고귀한 축복의 사명을 애당초 모른 상태로 살거나 혹은 알지만 그냥 세상 일에 한 번 뿐인 인생을 다 허비하며 사는 성도들이 많습니다. 심히 안타까운 일입니다.

저는 이 책을 통해 우리의 사명과 비전이 무엇인지를 다시 한 번 정리했습니다. 이 사명을 가로막는 것들이 무엇인지를 파악해 그 장애물을 걷어내고자 시도해 보았습니다. 그다음 어떻게 우리의 사명을 현재 삶에서 실천할 수 있는지 구체적으로 제시해 보았습니다.

이 책을 통해 주님이 우리 각자에게 주신 사명을 깨닫고 남은 생을 의미있게 살다가 언젠가 주님의 마당에 섰을 때 칭찬을 듣는 성도가 되기를 간절히 바랍니다. 또한, 우리 주위의 가족과 친구, 동료, 더 나아가 온 인류가 우리 때문에 예수님을 알게 되어 그들도 구원받는 놀라운 은혜가 있기를 소망합니다.

감사합니다!

제1장

하나님께서 주신 사명

하늘 아버지께서는 우리를 불쌍히 여기신다. 우리 인생이 이 땅에서 아무리 잘살아 보아도 결국은 영원한 지옥 불에 떨어질 자들이기 때문이다. 그래서 하나님은 모든 자가 어떻게든지 지옥 가지 말고 구원받기를 원하신다(딤전 2:4). 이 일을 위해 예수님을 이 땅에 보내셨다.

1. 예수님의 사명

예수님은 세상 사람들을 구원하시려고 이 땅에 오셨다. 우리를 훌륭한 사람으로 만들거나 아픈 사람을 고치기 위해, 혹은 평화로운 사회 건설을 위해 오신 게 아니라 오직 죄인을 용서하며, 믿는 자는 다 구원을 받게 하려고 오셨다. 즉 죄인을 부르러 오셨고(막 2:17; 딤전 1:15 참고), 죄를 위한 대속물로 오셨고(막 10:45 참고), 전도하려고 오셨다(눅 4:43 참고).

그리고 예수님은 그 당시 사람들뿐만 아니라 오고 올 세대의 수많은 사람을 구원하시려고 제자들을 키우셨다. 3년 동안 제자를 준비시키신 것은 예수님이 떠난 후에도 그들이 이 일을 맡아 하기를 원하셨기 때문이다. 그래서 이 땅에 계실 때 직접 제자들에게 구원의 복음 전파 실습을 시키셨다. 예수님은 제자들을 파송하고(마 10:5-7), 70인을 보내셨으며(눅 10:1-3), 마지막으로 제자들에게 이 일을 부탁하고 떠나셨다. 예수님의 관심은 모든 민족에게 있었고, 그분은 모든 민족을 제자로 삼기 원하셨다(마 28:19-20). 이는 예수님에게 너무 당연한 일이었다.

어떤 부모가 자식을 잃었는데 가만히 있겠는가?

어떻게 하면 잃어버린 아이를 찾을까 밤낮으로 궁리하며 그 아이를 찾는 데 모든 관심과 시간과 에너지를 쏟으며 살아갈 것이다. 마찬가지로 하늘 아버지께서는 자기를 떠나 마귀의 종이 된 우리 인생들을 언제나 찾고 계신다(눅 15:20). 그래서 이런 주님의 마음을 알고 있던 제자들은 주님이 떠나신 후 영혼을 구원하는 일에 전념했다.

> 그들이 날마다 성전에 있든지 집에 있든지 예수는 그리스도라고 가르치기와 전도하기를 그치지 아니하니(행 5:42).

그들은 죽어가는 사람을 건져내는 일에 자신의 생을 온전히 드렸고, 그 결과 많은 사람이 주님께 돌아와 구원을 받았다(행 2:47).

2. 우리의 사명

주님이나 제자들처럼 잃은 자를 찾아 아버지께 나아가게 하는 일, 바로 이것이 우리의 사명이다. 이 일은 해도 되고 안 해도 되는 일이 아니라, 그리스도인이 되는 순간 우리 모두에게 주어진 일이다.

모세는 하나님께 사명을 받아 이스라엘 민족의 위대한 지도자로 살았다. 이 사명이 없었다면 그는 자신과 자기 가족만을 위하는 목동으로 살다가 생을 마쳤을 것이고, 그렇다면 그 '위대한 지도자 모세'라는 인물은 애당초 존재하지 않았을 뻔했다. '사명'은 이처럼 중요하다.

'이 사명을 이루면서 살아가는가?'

이 질문이 우리 인생을 결정한다. 생명이 주어지는 동안은 누구나 다 이 땅에서 살지만, 어떻게 살았느냐에 따라 나중에 하나님께 평가를 받는다.

모세가 '이스라엘을 구원하라'라는 사명을 받은 것처럼, 또한 사도 바울이 은혜의 복음을 증언하라는 사명을 받은 것처럼(행 20:24), 우리도 어둠에 갇힌 모든 족속을 구원하고 제자를 삼으라는 명령을 받았다.

이보다 더 영광스럽고 귀한 사명이 있을까?

이것이 우리가 이 땅에서 살아야 하는 이유다. 세상 사람들은 자신이 왜 살아야 하는지, 인생의 목적이 무엇인지 끊임없이

해답을 찾으려고 고민하지만, 우리는 더 이상 이런 식의 고민을 할 필요가 없다.

믿음이 있는 우리에게, 예수님께서 이 사명을 알려 주셨기 때문이다. 세상에서 의사가 되려면 의사 국가고시를 통과해야 하지만, 우리는 하나님의 자녀가 되는 순간 저절로 이 땅에서 영적 의사가 된다.

3. 우리의 사명에 따른 비전

1) 우리의 비전은 무엇인가?

그리스도인이라면 누구나 죽어가는 영혼을 아버지께 인도할 책임과 의무가 있는데, 이 사명을 삶 속에서 어떻게 실행해 나갈지, 어떠한 전략을 갖고 이 일을 이루어 나갈지를 깊이 고민해야 한다. 이때 방향을 잘 잡고 전략을 잘 짜서 주님께 자신의 삶을 최대한 잘 드릴 수 있는 비전을 찾아야 한다.

예를 들어, 나라를 지켜야 하는 사명이 있는 군인은 이 최우선으로 되는 사명을 실행하기 위해 먼저 육군, 해군, 공군 중에서 자기가 원하는 군을 선택할 수 있다. 이때 육군을 택했다면 그 안에서 보병, 기갑병, 포병, 방공, 정보, 공병 등의 역할을 맡아 일하면 된다.

계급이나 맡은 보직은 각각 다르지만, 조국을 지킨다는 면에서는 모두 동일하다. 이처럼 하나님 나라에서 그리스도인은 자기의 비전을 따라 다양하게 일하며 살지만, 제자 삼는 사명은 누구나 똑같이 갖고 있다. 사람마다 자기 은사와 재능, 전공에 따라 사업가, 교사, 선교사, 변호사, 연구원, 자영업자, 농부, 은행원, 공무원으로 각기 다르게 살아간다.

그러나 어떤 영역에서 어떤 일을 하든지 항상 그리스도인의 사명인 제자 삼는 일을 염두에 두고 이를 실천하며 살아야 한다.

2) 비전은 어떻게 찾을 수 있는 것인가?

먼저 무엇보다도 '내가 그 일 만큼은 꼭 하고 죽겠다'는 일을 찾아야 한다. 그 일에 대해 내 안에 깊은 열망과 내적 갈구해야 한다. 다음은 그에 걸맞은 재능이나 은사가 있는지 확인해야 한다. 은사가 없으면 본인이 간절히 원해도 할 수 없는 일이 많다.

마지막으로 시의적절한지, 이 시대와 이 공동체에 꼭 필요한 일인지, 많은 사람에게 도움을 줄 수 있는지, 하나님의 관점에서 바로 지금 이 일을 하는 게 맞나 등등을 분별해 보아야 한다.

"꼭 하고 싶은 일이 없다."
이렇게 말하는 사람들이 의외로 많다.

그렇다면 지금부터 기도하면서 찾아 보라.
비전을 발견해야 한다.
비전을 위해 살기까지는 살아도 사는 것이 아니다.
비전을 발견하기 위해 기도해야 한다.
또한, 그 비전을 이루기 위해서 계속 기도해야 한다!

제2장

사명 수행의 걸림돌

1. 전임 사역자에게만 주어진 명령이라고 오해한 경우

혹자는 주님이나 제자들처럼 잃은 자를 아버지께 돌아가게 하는 그리스도인의 사명을 부인한다. 그것은 전임 사역자들이나 할 일이지 평신도는 안 해도 된다고 주장하기도 한다.

그렇다면 바울 사도가 빌립보 성도들에게 하신 말씀은 무엇인가?

> 너희에게도 그와 같은 싸움이 있으니 너희가 내 안에서 본 바요 이제도 내 안에서 듣는 바니(빌 1:30).

당시 바울은 복음을 전하다 감옥에 갇혀 있었다(빌 1:14, 15).

자기의 모든 사역에 대해 잘 알고 있는 빌립보 교인들에게 '너희도 나처럼 싸움' 하라고 명령했다면, 이 말의 뜻은 무엇일까? '빌립보 교인들아!
너희도 열심히 복음을 전하며 제자를 삼아라'는 말이 아니고 무엇이겠는가?

우리는 이전에 영적 어두움 가운데 있을 때 누군가를 통해 복음을 들었다. 그리고 믿은 후 증인이 되어 또 다른 사람에게 복음을 전하고 있다. 이처럼 믿는 자는 계속해서 누군가에게 증인이 되어야 한다(행 1:8).

증인이 되어 세상 사람들을 구원하는 것, 이것이 우리가 주님께 받은 고귀한 사명이다. 이 사명을 다른 것과 섞거나 혼동해서는 안 된다.

만일 복음 전하는 사도의 삶이 하나의 예시일 뿐 평신도의 삶은 굳이 그럴 필요가 없다면, 성경은 왜 사도들의 삶에 대해 그렇게 많은 부분을 할애했을까?

더군다나 사도라는 직분은 초대 교회 때만 있다가 없어질 직분인데도 말이다!

또한, 성경을 보면 사도들뿐 아니라 스데반 집사, 빌립 집사 같은 평신도들도 힘써 복음을 전했음을 알 수 있다.

- 베드로 사도의 복음 선포(행 2:14)
- 담대히 전함(행 4:31)
- 사도들 날마다 전도(행 5:42)
- 흩어진 성도들 복음 전함(행 8:4)
- 빌립이 복음 전함(행 8:40)
- 바울이 즉시로 복음 전함(행 9:20)
- 흩어진 성도들이 전하는 중 헬라인에게도 전함(행 11:19-20)
- 바나바, 바울, 마가, 실라, 디모데, 아볼로, 브리스길라와 아굴라 등이 복음 전함(행 13장 이후)

이처럼 초대 교회 성도들은 주님이 명하신 대로 힘써 복음을 전했다.

2. 자녀답게 살라는 명령을 사명으로 오해한 경우
(삶과 사명의 혼동)

1) '하나님을 사랑하며 이웃을 사랑하라'

아담이 타락한 이후 즉각적으로 인간은 하나님과의 관계가 단절되었고 이웃과의 관계도 깨어졌다. 그렇기 때문에 이 땅에 사는 동안 늘 성령 충만하여 하나님과의 관계, 이웃과의 관계를 잘

지켜나가야 한다. 따라서 이 명제는 사명이라기보다는, 관계가 회복된 하나님의 자녀라면 마땅히 견지해야 할 삶의 자세라고 봐야 한다. '하나님 사랑, 이웃 사랑'이 그리스도인의 사명이 될 수는 없다.

2) '먹든지 마시든지 무엇을 하든지 하나님의 영광을 위해 하라'

어떤 일을 할 때 그 행동보다는 마음가짐이 중요하다. 그리스도인이라면 삶 깊은 곳에 오직 주님만을 위해 살고자 하는 동기가 있어야 한다. 큰 죄인이었으나 주님께서 죽으심으로 생명을 얻은 큰 은혜를 깨달은 자가 사랑하는 그분의 영광을 위해 사는 건 너무 당연하다.

그렇다고 하나님의 영광을 위해 살기만 하면 사명을 완수한 것으로 여겨서도 안 된다. 더구나 이를 명령이라고 한다면, 주님에 대한 우리의 자발적인 사랑의 가치를 격하시키는 셈이 되고 만다.

3) 빛과 소금의 역할을 잘 감당하는 것

이 명제 역시 악하고 음란하며 불의가 가득한 죄악 된 땅에서 성도가 감당해야 할 마땅한 삶의 자세이다.

하나님의 자녀가 어떻게 어두운 세상과 타협할 수 있겠는가?

따라서 어두움을 밝히며, 진리를 드러내며, 주위의 공동체를 온전케 하려고 애쓰는 것은 사명이 아니라 하나님의 자녀로서의 온당한 자세다.

4) 윤리적으로 탁월하라는 권면

'거짓말하지 말 것, 분내지 말 것, 구제할 것, 음란하지 말 것, 범사에 감사하며 항상 기뻐할 것, 은사를 사용하여 섬길 것, 비방하거나 시기하지 말 것, 겸손하며 교회에 덕을 세울 것, 자족할 것. 가정에서 아내는 남편에게 복종하며 남편은 아내를 사랑할 것, 부모에게 순종할 것, 자녀를 노엽게 하지 말고 주의 교훈으로 양육할 것, 직장에서는 상사에게 복종하고 상사는 부하 직원을 형제처럼 대할 것 등' 자녀답게 살라는 것과 모든 사람을 제자로 삼으라는 것은 둘 다 명령의 형태를 띠고 있지만, 하나는 삶이요 다른 하나는 사명이다. 정리하자면 하나님께서는 우리가 자녀답게 살기를 원하신다(자녀의 삶). 그리고 하나님께서는 이렇게 사는 자녀들이 모든 자를 구원하여 제자 삼기를 원하신다(자녀의 사명).

3. 아예 또 다른 사명이 있다고 주장한 경우

1) 제자 삼으라는 명령과 문화 명령에 두 가지 명령이 있다는 주장

언제부터인가 그리스도인들 사이에, 창세기 1:28을 근거로 한 '문화 명령'이라는 말이 보편화되기 시작했다. 그들이 주장하는 '문화 명령'이란, '죄악된 세상에서 하나님 나라의 도래를 소망하며 하나님의 주되심을 인정하고 영화롭게 하는 문화를 회복시키는 것'을 의미한다.

그러나 이는 조심해서 사용해야 할 용어다. 왜냐하면, 전도 명령은 주님께서 우리에게 주신 명령임이 확실한 데 비해서, 문화 명령은 그 근거가 모호하기 때문이다. 문화 명령은 자칫 주님의 지상 명령인 전도 명령을 약화할 수 있는 명분이 될 수 있다. 그러면 먼저 문화 명령의 모호성을 살펴보자.

(1) 명령이라기보다는 삶의 방식

일반적으로, 문화 명령을 주장하는 사람들은 창세기 1: 26, 28을 근거로 하여 '우리가 그리스도로 인해 구속(회복)되었으니, 이제는 타락 전의 인간에게 주신 본래의 문화 명령을 잘 준행해야 함'을 주장한다.

> 하나님이 그들에게 복을 주시며 그들에게 이르시되 생육하고 번성하여 땅에 충만하라 땅을 정복하라 바다의 고기와 공중의 새와 땅에 움직이는 모든 생물을 다스리라 하시니라 (창 1:28).

그러나 이 창세기 1:26, 28은 문화 명령이라기보다는 만물 가운데서 어떻게 인간이 살아가야 할지를 규정해 주시는 말씀으로 보아야 한다. 결혼 제도가 타락 전에 주어진 것이지만 지금까지 모든 인류에게 이어져 내려오는 것처럼, 만물의 영장으로 만물을 다스리는 인간의 역할은 타락 이후에도 여전히 수행되고 있기 때문이다.

만약 문화 명령이 타락 후의 사람들이 아니라 회복된 그리스도인에게만 주어진 명령이라면, 노아와 그의 아들들에게 주신 다음과 같은 명령은 어떻게 된 것일까?

> 생육하고 번성하여 땅에 충만하라 (창 9:1, 7).

이 말씀의 배경을 살펴보면, 아담에게 축복하신 "번성하고 충만하라"라는 말씀대로 살기 어려운 상황이 인류에게 닥쳐왔는데, 이것은 바로 홍수로 인한 모든 인간의 멸망이었다. 노아의 입장에서 보면, 다음과 같은 의문을 가졌을 것이다.

'하나님께서 아담과의 약속을 철회하셨는가?'

이로 인해 앞날에 대한 두려움을 쉽사리 떨치지 못했을 것이다. 그래서 태초에 아담이 에덴동산에 홀로 있을 때처럼 넓고 넓은 대자연에 인간이라고는 오직 노아 가족만 남았을 때, 하나님께서는 인간들이 능히 자연을 정복하고 번성할 수 있다는 약속과 축복, 위로를 다시 주신 것이다(창 9:1-7).

여기서 '다스림'에 대한 직접적 구절은 없지만, 번성하고 충만하려면 당연히 피조물에 대한 이해와 통제와 다스림이 전제되었다고 볼 수 있다. 그러므로 이 말씀은 명령이라기보다는 엄청난 심판과 재난 뒤에 따라올 수 있는 두려움을 떨쳐주시는 하나님의 약속이요, 축복이며, 새 출발의 격려인 것이다. 소위 문화 명령자의 주장, 곧 구속된 우리에게는 문화 명령이 주어졌다는 이론에 따른다면, 그리스도로 인해 회복되지 않은 그 시대 사람들, 즉 노아와 아들들에게도 문화 명령이 주어졌다는 모순이 생긴다.

(2) 구약에서의 침묵

창세기 1:28과 9:1-7, 시편 8편(일부는 주님께 적용함. 히 2:5-10)의 몇 구절 외에는 구약성경에서 이와 유사한 말씀을 찾기가 쉽지 않다.

왜 이 명령이 중요하다면 그 많은 선지자, 제사장, 사사들은 이에 대해 한마디 언급도 하지 않았는가?

또한, 하나님의 백성들이 그 문화 명령을 수행했는가, 불순종했는가에 대한 관심은 구약 어디에서도 찾아볼 수 없다. 구약은 오직 선택 민족으로서의 이스라엘이 하나님을 경외하느냐 경외하지 않느냐에 주된 초점이 맞추어져 있을 뿐이다.

(3) 신약에서의 침묵

더구나 신약을 보면 예수님께서 가르치실 때 이런 부분에 대해 구체적으로 명확하게 말씀하신 적이 없다. 또한, 사도들의 교훈이나 초대 교회 성도들의 삶 속에서 이와 유사한 문화 명령이나 암시를 찾아내기란 더더욱 어렵다.

만약 이 명령이 복음 전파만큼이나 중요하다면, 성경에서는 소위 문화 명령에 대해 왜 이토록 침묵하는지, 혹은 직접 말씀하지 않고 모호하게 감추어 놓으신 건지 이해하기 힘들다. 다만 하나님 나라의 백성으로 회복된 그리스도인에게는 오직 복음 전파만이 중차대한 명령으로 강조되고 있을 뿐이다.

(4) 주님 안에서의 다스림

아담이 타락 전에 "다스리라"라는 말씀을 받았을 때와 비교해, 구속함을 받아 회복된 우리의 위치가 크게 달라졌음을 알아야 한다. 즉, 온 우주 만물을 발아래 두시는 주님 안에서 우리는 왕 노릇하는 존재로 바뀌었다(롬 5:17; 엡 2:6; 딤후 2:12; 계 5:10; 20:6).

우리는 타락 전 아담에게 주신 말씀과는 비교도 안 되게 존귀한 위치에서의 다스림을 허락받았고, 이 땅에서도 동물이 아닌 사람의 영혼을 책임지고 구원하는 주님의 대사로 부름을 받았다. 이런 중차대한 책임과 특권을 놔둔 채 너무 이 땅에서의 생육, 번성, 정복, 생물들에 대한 다스림만 자꾸 강조해서는 안 될 일이다.

(5) 현실적인 선택

하나님 나라의 문화를 만들거나 회복시키는 문화 명령과 죄로 인해 지옥 불에 떨어질 영혼을 구원시키는 전도 명령의 두 가지 명령이 있다고 말하면서도, 대부분 시간을 문화 명령에 드리는 사람들은 도대체 언제 전도하는가?

문화 명령을 수행하면 이것도 전도니, 성경에서 말씀하고 사도들이 실행했던 복음 전도는 하지 않아도 되는가, 아니면 두 명령이 있어 각자 원하는 대로 은사에 따라 하나를 선택해도 되는가?

만일 이것이 선택 사항이라면 전도하며 제자 삼는 사람이 극히 소수인 한국 교회의 장래는 어떻게 될 것인가?

누가 조롱당하고 멸시와 천대를 당하는 전도 명령을 택하겠는가?

자기 분야의 전문가가 되고 고난도 피할 수 있는 문화 명령으로 방향을 돌리지 않을 사람이 얼마나 되겠는가?

그렇다면 주님께서 우리에게 부탁하신 제자 삼으라는 사명은 누가 수행하는가?

앞으로 한국 교회도 서구 사회처럼 힘없는 명목상의 그리스도인만 남게 되지 않을 것이라고 누가 장담할 수 있겠는가?(『높아진 문화 명령 낮아진 복음 전도』, 박영덕)

2) '직업은 소명'(하나님의 부르심)이라는 주장

소명이란 '하나님의 부르심'을 말한다. 그런데 많은 사람이 현재 자기가 하고 있는 일이 하나님께서 맡기신 일, 즉 소명이라고 생각한다. 그러다 보니 소명이 사명(하나님이 우리에게 제자 삼으라고 명하신 일)과 거의 동의어로 잘못 사용되고 있다.

직업이 소명이라고 할 경우, 직장 일만 열심히 하면 사명을 감당하는 것으로 믿게 된다. 그런데 만일 직업이 소명이 아니라 그냥 직업 그 자체라면 결국 사명은 등한시한 채 직장 일만 열심히 한 게 되므로, 나중에 주님 만날 때 드릴 열매가 없게 된다.

그러므로 자칫 직업이 소명이라는 이론은 사명을 가로막는 장애물이다. 소명을 사명으로 오해하기 쉽게 만들기 때문이다.

(1) 어떻게 해서 '직업은 소명'이라는 이론이 널리 퍼졌는가?

① 중세 종교 개혁자들이 '일반 직업'을 소명으로 보았기 때문이다

루터는 성직자, 수도자들만 소명을 받은 게 아니라 일반 대중들도 직업의 소명을 받았다고 주장했다. 중세 이전에는 사제나 수도자만 소명 받은 자라고 생각하다가, 그것을 타파하기 위해서 모든 직업을 가진 이를 소명받은 자라 했다. 그 결과 세상 일이 다 영적인 것으로 바뀌었다. 다시 말해 아무 직업이나 다 소명이 되고 말았다.

성경적 관점으로 돌아가 살펴볼 때, 하나님께서 당신의 영광을 위해 우리를 부르신 것, 그것이 바로 소명(부르심)이다. 성경에서의 부르심은 늘 구원, 거룩한 삶으로의 부르심이지, 생업을 일컬어 부르심이라고 말한 적이 없다.

그러나 루터는 하나님께서 우리를 자녀로 받아 주신 것처럼 직업도 받으신다고 생각해서 이런 주장을 한 것 같다. 아니면 '만인제사장' 개념에 뿌리를 두고 이를 잘못 적용했는지도 모르겠다.

또한, 직업 변동이 거의 없었던 그 시대에 직업은 태어날 때부터 정해지는 신분처럼 여겨진 분위기를 감안하면, 직업을 소명이라고 해도 그때에는 별 반발이 없었을 것이다.

그러나 오늘날은 직업이 많이 다양해지고 세분되었으며 이직이 쉽게 이루어지고 있으므로, 한 직업이 절대적이지 않으며 얼마든지 직업의 변동이 가능하다. 더군다나 실제 직업 현장에서 억압, 착취, 소외, 인격의 말살, 갈등, 불의가 넘쳐나고 있으므로, 직업을 소명으로 이해한다면 세속 사회에서의 노동과 직업을 너무 과대평가한 셈이 되고 만다.

이런 면에서 직업은 삶의 목적이 될 수도 없고, 되어서도 안 된다. 물론 우리 삶의 목적은 무엇을 하든지 하나님께 영광을 돌리는 것이다. 그렇다고 애당초 소명을 직업에 갖다 붙인 것은 루터의 큰 오류였다고 생각한다. 루터가 성직자들만 소명을 독점한 것에 대해 불만을 품은 것은 좋았지만, 그 해결책을 '일반 직업도 소명'이라는 식의 주장으로 연결한 것은 잘못이라고 보아야 한다.

그보다는 구약과 달리 신약 시대에는 성직자의 소명이 절대적이지 않으며, 헌신된 신자라면 누구든지 자원함으로 성직자가 될 수 있다는 것을 강조했어야 했다(딤 3:1; 롬 6:13; 벧전 2;9).

② 모든 일을 다 주의 일로 생각했기 때문이다

교회 일은 거룩하고 세상 일은 세속적이라는, 이른바 '성·속 이원론'에 대한 반감으로 '모든 일이 다 주의 일'이라는 말이 설득력이 있게 되었다.

첫째, '교회 일은 영적이며 거룩하고 세상 직업은 육적이며 세속적'이라는 견해에 대한 반작용으로, 오히려 '모든 일은 다 주의 일이며 거룩하다'라는 식으로 몰아간다.

영적, 육적이란 말에 대한 거부감으로 아예 모든 일상을 다 영적이라고 말하고 싶은 나머지, 심지어 '성도가 하는 일은 모두 다 성직이다'라고 주장하는 이들도 있다.

그러나 성경은 영적, 육적인 것은 고정된 직업에 따른 구분이 아니라 어떤 일을 할 때의 마음가짐에 따라 결정되는 것임을 누누이 강조하고 있다. 하나님께 영광을 돌리려 애쓸 때 그것이 바로 거룩하며 영적인 일이다.

그러므로 아무리 교회 일이고 목회자로서의 업무 수행일지라도 동기가 주님의 영광에 있지 않다면 그것은 세속적인 일이 되고 만다.

> 먹든지 마시든지 무엇을 하든지 다 하나님의 영광을 위하여 하라 (고전 10:31).

> 주를 기쁘시게 할 것이 무엇인가 시험(시도)하여 보라(엡 5:10).

둘째, 제자를 삼는 일과 이 땅에서 먹고 사는 일은 분명히 구분되어야 한다.

> 썩을 양식을 위하여 일하지 말고 영생하도록 있는 양식을 위하여 하라 (요 6:27).

> 그들이 영적인 것을 나눠 가졌으면 육적인 것으로 그들을 섬기는 것이 마땅하니라(롬 15:27).

> 우리가 너희에게 신령한 것을 뿌렸은즉 너희의 육적인 것을 거두기로 과하다 하겠느냐(고전 9:11).

'썩을 양식'이나 '육적인 것'은 죄악을 의미하는 것이 아니라 그냥 우리가 살아가는 데 소용되는 것을 의미한다. 이 말씀은 복음 사역의 중차대한 가치와 이 땅에서 필요한 것들을 대조한 것일 뿐이다. 그러므로 우리는 제자 삼는 일과 먹고 사는 일을 동등하게 보는 견해를 조심해야 한다.

셋째, 만약 일반적인 직업이 소명이 된다면, 복음 사역과 관련된 사역이 위협을 받게 된다.

베드로, 요한, 바울과 같은 경우 사도로 특별한 소명(부르심)을 받았는데, 만일 다른 사람들도 그들과 똑같이 소명(부르심)을 받았다고 한다면 그 사도들의 부르심은 무엇인가?

사도란 오직 주님 승천하신 이후 딱 한 번 주어진 직책이기 때문에 더 이상 지상에 존재하지 않는다. 따라서 우리는 생존을 위한 삶 자체를 소명(부르심)이라고 말해서는 안 된다.

넷째, 다만 여기서 조심할 점은, 성·속 이원론은 탈피해야 하지만 그렇다고 해서 목회자나 사역자의 역할을 과소평가해서는 안 된다는 것이다. 그 일은 하나님께서 성도를 온전하게 세우기 위해 허락하신 교회의 필수적이고 본질적인 기능이기 때문에 그 직분을 경홀히 여기지 말라는 뜻이다(고전 16:10-18; 딤전 3:1; 히 13:17; 살전 5:12-13). 공무원이라면 누구든지 국가를 위해 일한다는 면에서는 동등하지만, 대통령은 한 나라를 대표하는 책임과 역할이 막중하기에, 그 직위에 합당한 권위를 주고 대우가 따라야 함이 마땅한 것과 같다.

③ 일에 대한 문화 명령의 잘못된 영향 때문이다

땅을 다스리고 정복하라는 명령을 받았으니(창 1:26-28) 인간은 하나님의 영광을 위해, 또 이 땅의 질서와 평화를 위해 일을 해야 한다. 이에 따라 인간은 일할 때 진정한 행복을 누릴 수 있으므로 직업이 소명이 된다는 이론이다. 혹자는 아예 더 나아가 "우리가 하나님의 창조 사역에 동참하므로, 일 자체가 선교"라고 주창하기도 했다.

그러나 이 이론은 선교 자체의 고유한 의미를 평가절하시키고 말았다. 이런 주장을 하기 전에 우리가 먼저 알아야 할 것은 과연 타락 전에 인류에게 주신 말씀이 현재 신약시대에도 여전히 유효한가 하는 점이다.

지금은 타락 전의 상태와 너무나 다르다. 창조 시 아무도 타락한 사람이 없을 때와 모든 사람이 마귀에게 사로잡혀 멸망으로 가고 있는 지금은 분명하게 구별되어야 한다. 너무 많은 사람이 자기를 지으신 하나님을 떠나 배도하고 마귀의 노예로 사로잡혀 평생 어둠 속에서 살아간다. 그리고 죽은 후에는 심판을 받아 비참하게 멸망한다.

이런 상황에서 우리가 우선시해야 할 일은 무엇일까?
창조 사역일까, 구원 사역일까?
타락한 이후에 예수님께서 이 땅에 오셔서 한 일을 생각해 보면 답은 더 분명해진다!

또한, 주님께서 승천하시기 전에 비참한 인류를 구원하여 제자 삼으라는 명령을 주신 일에 대해서는 어떻게 생각하는가? 문화 명령은 말 안 해도 알 것 같아서 주님은 중복되는 말씀은 빼고 제자 삼으라는 명령만 하고 떠나신 걸까?

그래도 명확하지 않다면, 주님의 말씀을 듣고 그 말씀의 의미를 제대로 깨달은 초대 교인들이 어떤 일을 했는지 찾아보기만 해도 쉽게 알 수 있다. 그들은 문화 명령을 이행하기보다는 거룩한 삶 가운데 핍박을 받으면서 예루살렘과 온 유대와 사마리아와 땅끝까지 복음을 전파하는 일에 주력했다.

이 일에 사도들이 앞장서서 성도들에게 자기들처럼 살라고 권면하기도 했고(빌 3:17), 복음 전도자의 일을 하라고 명하기도 했다(딤후 4:5). 그에 반해 사도들이나 초대 교인들의 삶 어디에서도 문화 명령을 순종하여 행하는 모습은 찾아보기 힘들다.

하늘 아버지는 마귀에게 사로잡혀 그 올무에서 벗어나지 못한 채 멸망의 길을 가는 우리 인생들을(고후 4:4) 불쌍히 여기신다. 그래서 그분은 오늘날도 하나님을 떠난 죄인들을 찾고 계시며, 먼저 믿은 우리에게 이 일을 부탁하셨다.

따라서 이 일이 세상의 그 어떤 것보다 더 시급하고 중요하다. 그러므로 우리는 이 귀한 사명을 깨닫고 복음을 힘써 전해야 하지, 주위 사람을 돕고 사랑하며 유익을 끼치는 삶만 중시해서는 안 된다.

물론 그리스도인으로서 당연히 다른 사람에게 선을 베풀어야 하지만 이것이 삶의 목표가 될 수 없다는 말이다. 결국, 이는 그리스도인이라면 당연히 살아야 하는 삶의 방식일 뿐이고, 이렇게 사는 그리스도인은 마땅히 사명감으로 제자를 삼아야 한다. 즉 '사람 돕는 어부'가 아니라 '사람 낚는 어부'로 살아야 한다(마 4:19).

(2) 왜 '직업은 소명'이라고 하면 안 되는가?

① 성경의 지지를 못 받음

성경에서의 소명, 즉 부르심은 항상 구원으로의 부르심이나, 구원 이후 성도의 신분(롬 1:6, 7; 고전 1:2)이나 성화, 그리고 사도의 부르심(롬 1:1; 고전 1:1)에 한정되어 사용되었지, 직업에 사용된 적은 단 한 번도 없다. 성경의 예는 다음과 같다.

첫째, 회개로 부르심

> 너희가 회개하여 각각 예수 그리스도의 이름으로 세례를 받고 죄 사함을 받으라 그리하면 성령의 선물을 받으리니 이 약속은 너희와 너희 자녀와 모든 먼 데 사람 곧 주 우리 하나님이 얼마든지 **부르시는** 자들에게 하신 것이라 하고 또 여러 말로 확증하며 권하여 이르되 너희가 이 패역한 세대에서 구원을 받으라 하니(행 2:38-40).

둘째, 구원으로 부르심

또 미리 정하신 그들을 또한 **부르시고** 부르신 그들을 또한 의롭다 하시고 의롭다 하신 그들을 또한 영화롭게 하셨느니라(롬 8:30).

그러므로 함께 하늘의 **부르심**을 받은 거룩한 형제들아 우리가 믿는 도리의 사도이시며 대제사장이신 예수를 깊이 생각하라(히 3:1).

이로 말미암아 그는 새 언약의 중보자시니 이는 첫 언약 때에 범한 죄에서 속량하려고 죽으사 **부르심**을 입은 자로 하여금 영원한 기업의 약속을 얻게 하려 하심이라(히 9:15).

예수 그리스도의 종이요 야고보의 형제인 유다는 **부르심**을 받은 자 곧 하나님 아버지 안에서 사랑을 얻고 예수 그리스도를 위하여 지키심을 받은 자들에게 편지하노라(유 1:1).

셋째, 주님과의 교제로 부르심

너희를 **불러** 그의 아들 예수 그리스도 우리 주와 더불어 교제하게 하시는 하나님은 미쁘시도다(고전 1:9).

넷째, 현재의 신분에서 구원으로 부르심

각 사람은 **부르심**을 받은 그 **부르심** 그대로 지내라 네가 종으로 있을 때 **부르심**을 받았느냐 염려하지 말라 그러나 네가 자유롭게 될 수 있거든 그것을 이용하라 주 안에서 **부르심**을 받은 자는 종이라도 주께 속한 자유인이요 또 그와 같이 자유인으로 있을 때에 **부르심**을 받은 자는 그리스도의 종이니라 너희는 값으로 사신 것이니 사람들의 종이 되지 말라 형제들아 너희는 각각 **부르심**을 받은 그대로 하나님과 함께 거하라(고전 7:20-24).

다섯째, 구원과 자유로 부르심

형제들아 너희가 자유를 위하여 **부르심**을 입었으나 그 자유로 육체의 기회를 삼지 말고 오직 사랑으로 서로 종 노릇 하라(갈 5:13).

여섯째, 구원과 한 몸으로 부르심

그리스도의 평강이 너희 마음을 주장하게 하라 너희는 평강을 위하여 한 몸으로 **부르심**을 받았나니 너희는 또한 감사하는 자가 되라(골 3:15).

일곱째, 구원과 성화로 부르심

이는 너희를 **부르사** 자기 나라와 영광에 이르게 하시는 하나님께 합당히 행하게 하려 함이라(살전 2:12).

여덟째, 구원과 영광으로 부르심

이를 위하여 우리의 복음으로 너희를 **부르사** 우리 주 예수 그리스도의 영광을 얻게 하심이니(살후 2:14).

아홉째, 구원과 사역으로 부르심

믿음의 선한 싸움을 싸우라 영생을 취하라 이를 위하여 네가 **부르심**을 받았고 많은 증인 앞에서 선한 증언을 하였도다(딤전 6:12).

하나님이 우리를 구원하사 우리를 거룩한 소명으로 **부르심**은 우리의 행위대로 하심이 아니요 오직 자기의 뜻과 영원 전부터 그리스도 예수 안에서 우리에게 주신 은혜대로 하심이라 내가 이 복음을 위하여 선포자와 사도와 교사로 세우심을 입었노라(딤후 1:9, 11).

그러나 너희는 택하신 족속이요 왕 같은 제사장들이요 거룩한 나라요 그의 소유가 된 백성이니 이는 너희를 어두운 데에서 **불러내어** 그의 기이한 빛에 들어가게 하신 이의 아름다운 덕을 선포하게 하려 하심이라(벧전 2:9).

열째, 고난 중 선을 행하는 자로 부르심

이를 위하여 너희가 **부르심**을 받았으니 그리스도도 너희를 위하여 고난을 받으사 너희에게 본을 끼쳐 그 자취를 따라오게 하려 하셨느니라(벧전 2:21).

이상의 구절들을 살펴볼 때, 부르심은 우리의 구원과 신분, 사도로의 부르심 등에 대해서 한정적으로 사용되고 있을 뿐, 직업과는 전혀 무관함을 알 수 있다.

그러므로 '직업을 소명'이라 하는 무리하고 지나친 관점을 멀리 해야겠다. 혹자는 구원과 주님에 관련된 것을 일차적 소명, 우리가 살아가는 동안 일하는 직업이나 역할을 이차적 소명으로 나누기도 하지만, 이는 다 자의적 해석일 뿐이다.

직업에 '소명'의 개념을 대입하는 순간, 성경에서 벗어난다는 점을 피할 수 없기는 마찬가지다.

② 직업을 소명(하나님의 부르심)으로 이해할 때 생기는 오해

직업을 하나님의 부르심으로 이해하면, 자칫 영혼을 구원하고 제자 삼는 그리스도인의 사명이 직업으로 대치되거나 그 중요도가 희석될 수 있다. 직장 일 자체를 하나님의 부르심으로 믿으니 직장 일만 열심히 하면 된다고 스스로를 위로하면서, 자신에게 주어진 사명을 감당하지 않아도 된다고 생각할 수 있다.

그렇다면 예수님께서 제자들을 부르실 때로 돌아가 보자. 베드로, 안드레를 부르실 때 그들은 자기 직업에 충실해 바다에 그물을 던지고 있었고(마 4:18), 야고보, 요한도 배에서 그물을 깁고 있었다(마 4:21). 마태 역시 세관에 앉아서 일할 때 예수님께서 그를 제자로 부르셨다(마 9:9).

첫째, 직업이 하나님의 부르심이라면, 주님께서 하필 그들이 일하고 있을 때 제자로 부르셔서 오해를 살 이유가 있을까?
둘째, 사람 낚는 일이 고기 잡는 일보다 더 중요하다고 생각하는 게 자연스럽지 않을까?
과연 이것이 이원론적 직업관인가?
셋째, 사실 물고기 잡는 일은 불신자가 해도 되는 일인데 그것을 굳이 하늘의 부르심이라고 해야 하는가?

③ 이론적인 문제 이외의 현실적인 상황에서의 문제 발생

직업이 하나님의 부르심이라면, 현실적으로 아직 직장을 구하지 못한 사람, 또한 그 기간이 몇 년씩 지체되는 사람들에 대해 뭐라고 얘기할 수 있는가?

가정주부의 경우, 그 역할은 너무나 중요하고 고귀하지만 그것을 직업의 영역에 포함시키기는 애매하다. 중간에 실직한 사람, 혹 은퇴한 사람은 어떻게 되나?

그런 경우, 소명이 없거나 소명을 빼앗긴 것이라고 규정하면 되는 것인가?

현재 우리나라는 비정규직이 정규직의 40퍼센트를 상회하는 실정이다. 그런데 만일 직업을 하나님의 부르심이라고 한다면, 비전에 맞추어 살고 있는 사람은 괜찮다 하더라도, 이런저런 이유로 임시직으로 일하는 직장인들에게는 이 이론이 매우 껄끄럽고 억지스러울 수 있다.

물론 자신의 직업을 통해 비전을 실천하는 경우도 있다. 그런데 대부분 자신의 비전과는 상관없이 직장 생활을 하는 경우가 더 많다. 통계적으로 현 직장인 중 3분의 2 가량이 적성에 맞지 않거나 적응을 못 하거나 기타 다른 이유들로 이직을 생각하고 있다고 한다.

그런데 만일 '직업을 소명'이라고 한다면 직장을 옮기는 것 자체가 곤란하게 되고, 직장을 그만두거나 옮기는 것에 대해 죄의식까지는 아니더라도 상당히 불편한 마음을 갖게 될 것이다. 그렇다고 계속 그 직장을 다닌다면 만족도, 의미도 없을 수 있다.

(3) 직업이 소명이 아니라고 한다면, 어떤 자세로 직장 생활을 해야 하는가?

일단 직업이 자신의 비전과 맞는다면 참으로 다행이며 축복이다. 이를 통해 사명을 감당한다면 더할 나위 없이 좋다.

그러나 직업이 비전과 맞지 않을 경우에는 어떻게 할 것인가?

첫째, 될 수 있으면 빠른 시간 내에 비전에 맞는 직업을 찾아 보라.

둘째, 비전과 맞지 않다고 해도 그 일 자체는 중요한 기능을 담당하고 있음을 기억하라. 일은 우리에게 주어진 생존의 길이요, 삶의 방식이다. 이 땅에 사는 동안은 누구나 다 일해서 먹고 살게 되어 있다.

> 얼굴에 땀을 흘려야 먹을 것을 먹으리니 (창 3:19).

> 누구든지 일하기 싫어하거든 먹지도 말게 하라 (살후 3:10).

셋째, 일단 무슨 일을 하든지 하나님의 영광을 위해서 일하라.

비록 비전과는 일치되지 않더라도, 매사에 하나님의 자녀답게 공의롭고 정직하고 덕을 세우고 주위 사람들 배려하면서 사랑 가운데 명랑하게 열심히 일해야 한다. 그리스도인은 어디에 있든지 세상의 빛이요 소금이므로, 이에 부합한 삶을 살아야 할 것이다.

넷째, 직장 상사에 대해서는 눈가림만 하지 말고 주께 하듯 하고, 부하 직원에 대해서는 형제에게 하듯 하면서, 모든 사람과 가족처럼 지내도록 노력하라(골 3:22-4:1).

이때 "주께 하듯 하라"라는 말을 오해해서 상관이 직접 주님과 똑같은 사람인 것처럼 생각하면 안 된다. 이는 우리가 그리스도인으로서 매사에 주의 종이라는 자세를 갖고 살라는 것이지, 상관을 주님과 동급으로 대하라는 말씀이 아니다. 즉 어떤 일을 하든지 신전 의식을 갖고 살라는 뜻이다.

다섯째, 계약 관계인 만큼 직장에 충실하고 매사에 성실히 일해야 한다. 휴식 시간 외 근무 시간에 직장 일은 소홀히 하면서 성경을 본다거나 전도에 전념해서는 곤란하다.

여섯째, 그 직장에 유익을 주기 위해서, 또 사회적 유익을 내기 위해서 자신의 탁월성을 계속 키우고 유지해야 한다.

비록 내 비전과 맞지 않을지라도 직업 자체에는 사회봉사, 이웃 섬김의 기능이 있다. 나의 수고로 유익을 얻는 자가 있음을 기억하고 주어진 기회를 선용해야 한다.

그러므로 그 직장에 있는 동안에는 하나님이 이렇게 허락하신 줄 알고 항상 신실하게 일하되, 눈가림만 하지 말고 탁월성을 드러내야 한다. 그곳에 팽배해 있는 구조적인 악에 타협하지 말고, 이를 개선할 수 있는 방법을 연구하면서 문제를 해결해 나가라. 물론 남을 잘 돕고 예의 바르며 긍정적인 자세를 갖고 그리스도인답게 사는 것은 기본이다.

일곱째, 비전에 맞든 안 맞든 그 직장에 다니는 동안 그곳이 복음 전파의 현장이 된다.

어떻게 하든 직장에서 신우회를 만들어 믿음의 선한 싸움을 싸워야 한다. 먼저 교회에서 훈련을 잘 받은 후 직장에 나가서 복음 전파의 일을 할 수 있어야 한다. 그러나 신우회가 또 하나의 믿는 자끼리의 모임이 되어서는 안 된다. 직장인 '성경 공부 모임'(BBB: Business Bible Belt)처럼 직장을 황금어장으로 생각하고 틈나는 대로 열심히 제자를 삼아야 한다.

국회의원, 정치인이라면 하나님 앞에서 정치를 하되, 비록 차선책이라고 해도 그 안에서 할 수 있는 만큼 공의를 실행하고 좋은 정책을 만들고 국민에게 봉사하며, 시간을 활용해 신우회를 조직하고 동료를 전도하며 복음을 퍼뜨린다.

의사, 간호사 같은 의료인이라면 환자들을 정성스럽게 치료하는 일이 우선적으로 할 일이고, 어떻게든 기회를 만들어 병원 내에서 복음을 전한다.

교수, 교사라면 학생들을 잘 가르치되, 주중이나 주말에 성경 공부 반을 인도하거나 교수, 교사 신우회를 만들어 동료들에게 복음을 전한다.

사업가라면 열심히 일해서 많은 이익을 창출해 더 많은 사람을 채용하고 그들에게 복음의 진리를 전해주며, 선교사와 교회를 지원하고, 기독 중고등학교를 세워 인재들을 키우고, 수많은 복음 사역을 후원한다.

운동선수, 연예인이라면 선한 그리스도인의 삶으로 세상에 영향을 주고, 대중적 인지도를 선용해 전도와 간증을 하면서 복음을 전하며, 꿈나무 축구 교실 등을 운영해 복음을 전할 기회를 만든다. 주위 동료들에게 삶이나 말로써 복음 전함은 물론이다.

지금까지 사명, 비전, 소명, 직업에 대해 살펴보았는데, 결론적으로 우리의 사명은 딱 한 가지, 모든 영혼을 주님께 이끌어 제자로 삼는 일이다. 그리고 이에 맞추어 '뭘 하다 죽을지'가 비전인데, 이 비전에 따라 직업을 구하여 일함으로 삶을 더 효율적으로 이끌어가는 게 중요하다.

그리고 소명(하나님의 부르심)은 성경에서 구원, 성화와 관련된 용어이니만큼 직업에 갖다 붙이는 시도를 애당초 하지 말아야 한다. 괜스레 '직업은 소명'이라는 어쭙잖은 확신 속에서 사명을 놓치고 살지 않도록 조심해야 할 것이다.

제3장

어떻게 사명을 이룰까?

그러면 우리는 앞으로 이 사명 완수를 위해 어떻게 살아야 할 것인가?

하나님께서 우리에게 "모든 족속으로 제자를 삼으라"라고 하신 이상, 우리는 전 세계 모든 사람에게 관심을 가져야 한다. 그리고 이 목표를 이루기 위해 계획을 짜고 방법을 연구해야 한다. 축구나 야구 경기를 할 때 이길 수 있는 전략을 짜야 하듯이, 세계복음화를 어떻게 이룰지, 우리 자신을 어떻게 사용할 것인지를 고민하며 전략을 잘 짜야 한다.

이 사명을 따라 살 때 무엇보다도 영적 전투가 예상되므로 영적 전쟁의 흐름이 어떻게 되어 가는지를 살펴보아야 한다. 현재 18억이나 되는 이슬람교도들은 누구나 자신을 선교사로 생각하고 기회만 있으면 전도를 한다. 모든 족속으로 제자 삼아야 하는 우리보다 오히려 그들이 앞서서 부지런히 이슬람을 포교하고 있으며, 11억의 힌두교인, 5억의 불교인도 나름대로 제자를 만드는 일에 열정을 쏟고 있다.

결국 이들을 포함한 전 세계 약 78억의 인구가 영생의 소망 없이 헛된 것을 붙잡으며 어둠 속에서 멸망을 향해 가고 있는 중이다.

1. 이런 상황에서 우리의 사명을 감당하기 위한 6가지 제안

1) 우선 '나 자신'부터 제자가 되어야 한다

다른 사람을 제자 삼으려고 하는데 정작 본인은 주님의 제자가 아니라면 어떻게 다른 사람을 제자로 삼을 수 있겠는가?

물에 들어가기만 하면 빠져서 허우적거리는 사람이 수영 코치가 될 수 없는 것과 마찬가지다. 제자 삼는 사명을 감당하려면, 먼저 주님과의 깊은 교제 가운데 늘 깨어 있어야 한다. 이런 상태에 있는 사람만이 다른 사람을 제자로 삼을 수 있다.

미지근한 성도라면, 그가 헌신하는 제자가 되기 전까지는 사명에 대한 얘기는 쉽게 꺼내지 않는 게 옳다. 아예 자격 미달이다. 문제는 이런 사람들이 쉽게 '사명'에 대한 자기 나름의 생각과 관점을 늘어놓아 고귀한 주님의 뜻을 초라하게 만드는 데 있다. 헌신 안 된 사람, 즉 주님을 위해 자신을 기꺼이 내놓지 않는 사람은 이런 논의에서 침묵함이 마땅하다.

참된 제자만이 제자를 삼을 수 있으므로, 주님께서 우리에게 제자 삼으라는 명령을 내리신 것은 결국 우리가 살아갈 방향을 제시하신 것이다. 어떻게 주님이 기뻐하시는 자녀로 살아야 할지 막연했던 우리에게 이 명령으로 인해 두 가지, 즉 우리의 삶의 목표(방향)와 영적 상태의 기준이 생겼다. 참으로 감사한 일이다. 이 두 가지 중 삶의 목표는 앞에서 살펴보았으니, 영적 상태에 대해 더 생각해 보자.

진정 주님의 명령에 순종하여 열매를 맺으려면 미지근한 상태로는 불가능하므로 먼저 제자가 되는 절차를 거쳐야 하는데, 그 첫 번째 절차는 주님께 대한 헌신이다. 미국에 가서 박사 학위를 받으려면 우선 영어가 능통해야 하는 것과 같다. 제자를 삼으려면 자신이 먼저 제자가 되는 것이 선결 조건이기에, 제자 삼으라는 주님의 유언은 생각할수록 주님의 깊은 지혜와 배려가 느껴지는 말이다.

이 말씀이 왜 우리에 대한 배려인가?

이 땅에서 우리가 어느 정도의 영성을 유지하며 살아야 하는지, 그 기준을 알려 주셨기 때문이다. 즉 헌신된 상태에서 하나님의 자녀로 살아야 한다는 뜻이다. 하마터면 미지근하게 살 뻔했는데 신앙생활의 기준을 주셔서 헌신해서 살면 된다는 확신과 안도감을 갖게 해주셨다. 정말 '신의 한수'라고 느껴진다.

그런데 이 헌신이야말로 그리스도인에게 가장 어려운 과업이다. 많은 성도가 주님께 헌신하지 못하는데, 이는 본인이 헌신하지 않기도 하지만 실제 능력이 안 되기 때문이다.

구약 시대 이스라엘 국가가 왜 망했는가?

그들은 이방인을 따라 우상 숭배하며 하나님께 끝까지 불순종했기 때문이다. 우리 인간은 본래 죄악 중에 태어나서 뼛속부터 순종이 안 되는 존재다. 태어나면서부터 곁길(시 58:3)로 가기 시작한다. 우리 자신의 힘으로 순종, 헌신하기란 어림도 없다.

그러나 성령님이 도우시면 가능하다. 믿는 자라면 누구든지 영으로써 몸의 행실을 죽이면 살 수 있다(롬 8:13). 바울 사도도 자신을 이길 수 있는 비결이 자신을 쳐 복종시키는 것이라고 고백했다(고전 9:27).

날마다 영으로써 몸의 행실을 죽이는 싸움, 자신을 쳐 복종시키는 싸움, 이 어려운 경건 생활을 잘 할 때 우리는 주님께 헌신할 수 있다. 그러므로 실제 어려운 이 경건을 경시하지 말라. 한 번 결심한다고 그냥 되는 게 아니다. 경건을 유지하려면 여기에 목숨을 걸어야만 한다.

그렇다. 깨어 있는 제자로 살 수만 있다면 우리는 이 땅에서 생을 건진 것이다. 진실로 보람 있고 열매 맺는 삶이 가능해진다. 당신은 지금 이런 상태를 유지하고 있는지 점검해 보라.

'오늘 주님 오셔도 되는가?'

이 질문에 '아멘'으로 화답할 수 있다면, 그는 비로소 제자 삼을 수 있는 단계에 이른 것이다. 만약 이 질문에 "어, 오늘 주님 오시면 안 되는데요"라고 답할 수밖에 없다면 제자 삼을 수 있는 자격은커녕 당장 자신의 구원 문제부터 점검해 보아야 한다.

우리 삶의 기준과 방향과 목표를 주신 주님을 찬양하자!

2) 성경적인 교회나 선교 단체에서 훈련을 받아야 한다

말세 중의 말세, 어둡고 음란한 이 시대를 살면서 본인의 헌신된 마음만으로 사명을 완수하는 것은 무리다. 전략이 있어야 하고, 성경적 지식과 분별력, 깨달음과 조언, 그리고 주위의 끊임없는 격려와 권면 등이 뒤따라야 한다. 이런 면에서 좋은 교회나 선교적 공동체는 필수다.

개인 큐티와 성경 연구, 성경 읽기와 암송, 충분한 기도, 강해 설교 동영상 보기, 성경 공부 모임, 수련회, 세미나 참석 등의 꾸준한 훈련이 필요하다. 이 훈련은 건전한 공동체에서 이루어져야 영적인 성숙과 지속적인 성장이 가능하다. 절대 혼자서는 안 된다. 반드시 깨어 있는 공동체와의 깊은 연계 속에서 사명을 감당할 훈련을 받아야 한다.

3) 실제 제자를 삼아 보아야 한다

이전에 어떤 형제가 선교사로 출국하기 전날 필자에게 전도를 가르쳐 달라고 부탁한 적이 있다. 그때 무척 당황스러웠다. 사람을 낚고 양육하는 것은 말이나 글로 전달할 수 있는 이론이 아니라, 직접 하면서 몸소 터득해야 하는 기술이다. 그런데 영혼을 구원하거나 양육하는 경험을 쌓아놓지 못한 채 선교지로 나간다니 참으로 안타까웠다.

의사가 예과나 본과 때 배운 이론만 갖고 고난도의 심장 수술을 집도하는 게 가능한가?

인턴, 레지던트 과정을 통해 수술에 참여하면서 선배 의사로부터 필요한 기술을 손과 눈과 몸으로 꾸준히 익혀나가며 실력을 쌓아야 할 것이다.

한 영혼을 거듭나게 하는 것, 양육하여 제자 되게 하는 것은 많은 경험을 요구한다. 이 땅에 계실 때 제자들을 훈련시킨 주님처럼 뜨거운 열정을 갖고 실제 많은 영혼을 만나다 보면 경험이 쌓이고 익숙해져 더 많은 사람을 잘 도울 수 있게 된다. 이를 위해 일주일에 한 번 정도라도 꾸준히 현장에서 전도하는 기회를 갖는 것이 좋다. 이때는 노방 전도할 것을 권한다.

그래야 담대함을 얻을 수 있고, 기도로 주님께 간절히 나아가게 되며, 이 시대에 마귀의 역사가 얼마나 강한지 알게 된다. 동시에 그보다 더 강력한 성령님의 역사와 영혼을 구원하는 기쁨을 현장에서 체험할 수 있다. 되도록 젊을 때 6개월이나 1년 정도의 단기 선교 훈련을 받는 것도 필수다. 교회마다 이 프로그램을 반드시 넣되, 자칫 여행이나 하고 돌아오지 않도록 철저한 준비와 점검을 해야 한다. 무엇보다도 그 나라의 불신 영혼을 만나 복음을 전하고 그들을 구원하는 시간이 반드시 있어야 한다.

4) 가급적 전임 사역자가 되어야 한다

사실 이 부분은 매우 신중하면서도 동시에 용기를 갖고 과감히 뛰어들어야 할 영역이다. 많은 기도와 성경적 분별력, 헌신적 결단이 요구된다. 물론 그리스도인이라면 직장에서 복음을 위해 사는 게 마땅하다.

일단 어떤 직장에서든 일하고 있다면 그만 둘 때까지는 그 직장을 하나님이 허락한 선교지로 믿고 전도자의 사명을 감당해야 한다.

그런데도 사명이 효과적으로 이루어지기 위해 가능하면 전임 사역자가 되어야 할 이유는 크게 두 가지다.

(1) 시간을 넉넉히 쓰기 위함이다

매일 출근해 직장 일을 하면서 남은 시간, 즉 점심시간이나 퇴근 후에 사람들을 돌보고 성경 공부나 상담을 할 수 있다. 그러나 일하면서 사람들을 돌볼 때 시간이 많이 부족함을 깨닫게 된다. 때로는 과중한 업무로 계속 야근을 하거나 중요한 프로젝트를 마무리해야할 때 불가피하게 모임을 연기하기도 한다.

또한, 주위 영혼을 돌보기 위한 성경 공부와 중보 기도, 모임 준비와 상담, 자신의 경건을 위한 말씀 읽기와 깊은 기도, 신앙 서적 읽기 등을 다 하기에는 시간이 절대적으로 부족하다. 그래서 가능하면 풀타임으로 영혼을 구원하고 제자 삼는 일만 전적으로 할 수 있는 방법을 찾을 수밖에 없게 된다.

"언젠가 육신의 일을 그만두고 영적인 하나님 일만 전적으로 하고 싶다"라고 말하는 사람이 간혹 있다. 물론 이는 '세상 일은 육적이고 교회 일은 영적'이라는 이분법적인 사고에서 나온 말이기 때문에 조심해야 한다.

부연하지만 '영적이냐, 육적이냐' 하는 마음의 동기가 하나님의 영광을 위한 것인지 아닌지로 결정되기 때문이다. 그러나 세상에 불신자는 너무 많은데 시간은 턱없이 부족해서 본인이 풀타임 사역자로 나서겠다면 얘기는 달라진다. 그것은 아주 귀한 결단이므로 칭찬받을 만하다.

2020년 우리나라 한해 사망자 수는 30만 5천 명이었다. 이 사망자 중에 10-20퍼센트를 기독교인으로 잡아도 통계상 매일 670-750명이 주님을 모른 채 멸망의 길로 간다는 얘기다. 끔찍한 일이다. 이렇게 많은 사람이 멸망을 받다니 말이다.

세계 인구는 총 77억 8천 6백만 명인데(2020년 5월 기준), 이 중 하루에 대략 25-30만 명이 죽는 것으로 추정된다. 이 가운데 거듭난 기독교인을 10퍼센트로 넉넉히 잡더라도, 주님을 믿지 않고 죽는 자는 매일 20만 명 이상이다.

이들은 절망 중에 아무 소망 없이 죽어가는 자들이다. 이런 비상한 상황이지만, 현실적으로는 이들을 구원하여 제자를 삼을 사람이 너무나 적다. 많은 그리스도인이 남의 집 불구경하듯 그냥 자기 일만 하면서 살아간다. 천국에 가서 쉬어야 하는

데 이 땅에서 벌써 쉬고 있는 게 아닌지 모르겠다. 실제로 1년에 한두 명도 구원하지 못하는 교인이 상당수라는 것이 한국 교회 작금의 현실이다.

그리스도인이 이렇게 헌신하지 않은 채 대부분 먹고사는 일에만 시간을 쓴다면, 불신자의 입장에서 볼 때는 그리스도인이 너무 이기적이고 야속하지 않겠는가?

영적 세계의 관점에서 볼 때 불신자들은 다음과 같이 울부짖을 것이다. [물론 실제로는 불신자가 자신의 운명을 몰라 전도 받을 때 고마워하기는커녕 거부하지만 말이다.]

"아, 언제쯤 우리를 구원해주려는가.
기다리는 사람들이 이렇게 많은데 내 구원의 열쇠를 쥐고 있는 저 사람들은 무엇을 하고 있나?
대부분 자기들 먹고 사는 일에 바빠 나 같은 사람에게 복음도 소개 안 해주고, 그나마 한다는 사람들도 일주일에 찔끔 몇 시간만 내주고 마는구나.
나 같은 사람은 언제 차례가 되어 생명을 건질까?
아슬아슬해서 속이 타들어 가는데 너무 분하고 억울하다."

마지막 날, 복음을 전하지 않은 그리스도인은 주님께 책망 받는 것으로 끝나겠으나(물론 이만큼 초라한 인생 평가도 없다), 그런 그리스도인을 가족, 친구, 동료로 만난 불신자는 참으로 비참하고 절

망적일 수밖에 없다.

침묵하는 가족, 친구를 만난 자신의 운명을 탓할 수밖에 없다. 그러므로 깨어 있는 그리스도인은 더욱 시간을 내어 잠자는 그리스도인의 몫까지 두 배, 세 배 일해야만 한다. 더 나아가 이 일만 전적으로 할 수 있는 길을 모색해야 한다.

(2) 우리처럼 고도의 전문성을 갖춘 사람이 많지 않기 때문이다

우리가 누구인가?

주위 사람의 영원한 운명을 결정하는 사람들이다. 우리가 복음을 전해주면 그들은 살고, 우리가 입을 다물면 그들은 아무 소망 없이 영원한 지옥 불에 떨어진다. 이런 면에서 우리가 하는 일은 너무 귀하다.

'국무총리'의 일은 풀타임으로 해야 한다. 다른 일을 하면서 파트 타임으로 겸해서 맡는 직책이 아니다. 대통령을 보좌하고 행정 각부를 관할하는 그 역할이 중요하고, 그만큼 고도의 전문성을 필요로 하기에 아무나 대신 할 수 있는 일도 아니다. 국무총리 자리에 있으면서 그 외에 다른 일을 하며 시간과 에너지를 쓴다는 것은 안 될 말이다.

어렵고 힘든 과정을 거쳐 소수만이 배출되는 심장 분야의 '심장전문의'는 많은 환자가 몇 개월씩 대기하고 있는 상황에서 매일 심장과 관련된 진료만 봐야 한다. 생명이 걸려 있는 긴급한 수술이나 치료가 아닌, 여드름 치료나 미용 시술에 시간을 빼앗겨서는 안 된다.

그 치료는 준비된 다른 의사도 할 수 있기 때문이다. 심장 질환으로 기다리는 환자의 고통, 혹시 기다리다 죽을 수도 있는 환자들의 생명을 생각한다면 오직 이 일에 전적으로 시간을 드리는 게 당연하다.

그런데 우리는 이 심장전문의보다 더 중요한 영적 의사다. 의사는 80년 생명을 책임지지만, 우리는 8,000억만, 8,000조의 영원한 생명을 다루는 전문가이다. 이런 고귀한 영적 의사가 다른 일을 한다면 그건 너무 비효율적이다.

지옥에 떨어질 불신자들에게 죄스러운 일이고, 그들 입장에서 볼 때 우리는 세상에서 가장 나쁜 사람이 되고 만다. 다른 일은 영혼의 의사인 우리 말고도 불신자 중에 준비되고 역량이 되는 사람이 하면 된다.

그러나 우리는 이 구원 사역에 집중해 영적 의사로서의 전문성을 높이고 더 많은 자에게 유익을 주어야 한다. 그렇지 않다면 '자기 사용 가성비'는 거의 제로에 가깝다.

세상 사람이 감히 할 수도 없고, 시도도 불가능한 일, 오직 복음을 알고 있는 우리만 할 수 있는 이 제자 삼는 일에 전념하자!

주님이 하셨던 일을 맡기신 만큼, 우리는 이 일의 중차대함을 깨닫고 자부심을 갖고 이 사명을 감당하는 데 총력을 기울여야 할 것이다.

5) 시대에 맞는 일꾼을 키워 싸워야 한다

이 싸움은 거대한 어두움의 세력과의 싸움이기 때문에, 소수의 몇 사람이 헌신한다고 될 일이 아니다. 이 상황을 뒤집으려면 한 가지 대안밖에 없다. 즉 일꾼을 키우는 일이다. 모든 역량을 여기에 다 맞춰야 한다.

진정 이 사명을 완수할 마음이 있다면 주위의 영적인 흐름을 잘 살펴보면서 일꾼을 키워야 한다. 21세기 현재 복음의 불길이 타오르는 곳을 찾아 그 곳에서 일꾼들을 집중적으로 키워야 한다.

이런 면에서 중국을 주시할 필요가 있다. 한때 우리나라도 성령의 큰 역사를 통해 교회 부흥의 불길이 타 올랐던 적이 있었지만 지금은 많이 식어져 있다. 아니, 거의 꺼져 가고 있는지 모르겠다.

그렇다면 한국에 있는 그리스도인은 무대를 옮길 수밖에 없다. 어부가 물고기가 없는 데서 계속 잡으려 하지 않고 배의 위치를 옮겨 가는 것처럼 말이다. 복음의 불길이 중국으로 옮겨 가는 중이니, 깨어 있는 그리스도인이라면 중국에 가서 중국의 대학생들을 일꾼으로 키우는 게 좋겠다.

왜냐하면, 18억의 이슬람교도, 11억의 힌두교도, 5억의 불교 신도와 싸워 이길 지리적, 환경적인 모든 여건이 중국 대학생들에게 갖추어져 있기 때문이다.

이를 위해 우리의 역량을 모아 중국 대학생들을 군사로 키워 한중합작으로 무슬림, 힌두교인, 불교인들이 있는 동남아시아와 중동 지역, 아프리카, 더 나아가 잠들어 있는 서구 사회와 힘껏 싸워야 한다.

실제 중국으로 촛대가 거의 옮겨졌다고 보고, 하나님이 가시는 곳으로 우리도 따라가야 한다. 한국에 남아서 계속 싸워 보겠다고 고집 피우다가 허탕만 쳐서는 안 된다. 현재 우리나라에서 복음을 위해 선교사로 떠난 전임 사역자가 2만 8천 명쯤 된다고 한다. 수적으로 보면 미국 다음이지만, 세계를 복음화하기에는 너무나 역부족인 수치다.

어느 세월에 세상 끝까지 다 복음을 전하며 제자를 삼을 수 있을까?

우리나라 그리스도인의 수가 650만-850만 명 정도라고 볼 때, 약 50만 명이 선교사로 나가면 어느 정도 이 일이 가능할 것 같다. 이런 목표를 갖고 일꾼을 세워 내보내야 하겠지만, 당장 아쉬운 대로 우선 10만 명만 보내도 좋겠다.

중국의 복음화를 생각해 볼 때, 중국에 2,663개 대학과 3천 8백만 명의 대학생이 있는데(2018년 통계), 우리나라에서 10만 명이 나가 100명씩만 붙잡아도 1,000만 명의 중국 대학생을 제자로 삼을 수 있다.

그렇다면 중국 대학생의 4분의 1 이상을 붙잡는 것이고, 2020년 현재 56퍼센트의 도시화가 진행된 중국에서 결과적으로 충분히

도시 복음화를 일으킬 수 있는 것이다. 그야말로 무한한 잠재력을 띤 전략이다. 그렇게 해서 중국인 1,000만 명이 일꾼이 된다면 그 중의 10분의 1인 100만 명을 이슬람, 인도, 불교권 선교사로 내보낼 수 있다.

보내진 100만 명이 평생을 일해 한 사람당 500명 정도를 제자로 삼는다면 5억 명이 될 것이고, 그 5억 명이 각각 10명씩만 책임진다면 모두 50억 명에 달하게 된다. 이 정도면 기존 그리스도인과 합해 주님이 명하신 세계 복음화를 이룬 것이라 말할 수 있겠다.

이 시대의 메시지는 다음과 같다.

"한국의 그리스도인은 중국으로 이동하라!"

이제부터는 자신의 직장이 어디든지 중국으로 옮겨갈 생각을 하라. 갈 때는 물론 자비량으로 가는 게 좋다. 주재원으로 가서도 사역을 할 수 있겠지만 너무 바쁘기 때문에 몇몇 특별한 경우를 제외하고는 한계가 있다.

자비량으로 나가려면 선교사는 한 가지 이상의 기술을 갖고 나가야 한다. 바울 사도는 천막을 짜며 밤낮으로 수고했다. 조선 시대 초기에 알렌, 언더우드도 자비량 선교사로 우리나라에 들어왔다. 대표적으로 모라비안 교도들은 다음과 같은 슬로건으로 내걸고 세계를 향해 나갔다.

직공의 도구를 어깨에 메고 세계의 선교지로 어린양을 따라가자.

선교의 아버지였던 윌리엄 캐리(William Carrey)도 구두를 만들면서 자비량으로 선교했다. 이발 기술을 배워서 가거나, 그곳에 가서 김밥 장사, 혹은 피아노 레슨을 해도 좋겠다. 자비량 선교사의 좋은 점은 어느 나라든지 갈 수 있다는 점이다.

여기서 한 가지 중요한 제안을 하자면, 할 수만 있다면 외국에 나가기 전에 돈을 어느 정도 마련하는 게 좋겠다. 다른 나라에 가서 돈을 번다는 게 쉽지 않을 뿐더러, 나가서 돈을 벌려면 국내에서와 마찬가지로 사역에 집중할 시간이 부족하기 때문이다.

이를 위해 젊을 때 직장에서 일하면서 복음을 전하고 재정을 준비하다가, 퇴직 후 중년이나 노년에 중국, 동남아시아, 아프리카 등지로 나가면 된다. 쉽지 않은 길이지만 주님을 위하여, 또한 한없이 기다리는 수많은 영혼을 위하여 용기를 내어 도전하라.

혹시 퇴직 전이라도 최소한의 생계 대안이 마련된다면 30대에든, 40대에든 한 해라도 힘 있고 젊을 때 떠나라. 물론 아예 교회로부터 기도와 물질의 후원 받고 나가는 풀타임 선교사의 길은 더 말할 것도 없이 좋다. 교회와 연결되어 있으므로 그만큼 더 효율적인 사역이 가능할 것이다.

6) 여러 사역으로 섬길 사람이 되라

일꾼을 키우기 위해서는 한국에 계속 남아 양육과 선교를 책임질 풀타임 목회자가 필요하다. 그런데 목회자는 아무나 되어서는 안 된다. 성경에 부합하는 조건과 자격을 갖추어야 한다(딤전 3장). 무엇보다 그 마음에 목회에 대한 간절한 열망이 있어야 하고 가르치는 은사를 갖고 있어야 한다. 늘 사람들을 만나기 때문에 좋은 성품을 갖추고 원만한 대인 관계를 할 수 있어야 한다.

특히, 돈 버는 쪽으로 탁월한 재능이 있는 사람이라면 후방 지원 부대로서 전략적으로 많은 재정을 준비해야 할 수도 있다. 또 재정, 파송과 관련된 행정적 처리를 해야 할 사람도 있어야 한다.

문서 작업과 번역, 통역을 할 일꾼도 필요하고, 한국에 남아서 중국인 유학생 사역이나 회교권에서 온 외국인 노동자 사역을 할 목사, 의사, 간호사, 상담사, 변호사, 자원봉사자 등 여러 분야의 전문가도 필요하다. 그 외 신천지, 하나님의 교회, 여호와의 증인 등의 이단들을 대처할 변증 공부를 해서 그들을 빼내 올 많은 사람도 있어야 한다. 앞으로 다방면으로 준비된 일꾼들이 한없이 쏟아져 나와서 함께 이 일을 감당해야 할 것이다.

2. 사명 감당의 실제적 방법 제안

1) 준비

대학생이라면 앞날을 위해 전공을 열심히 공부하고 영어, 중국어 등의 언어를 익히면서 캠퍼스 복음화에 젊음을 드린다. 졸업 후에는 직장 생활, 가정 생활, 자녀 양육 등으로 바쁘게 지내면서도 교회를 섬기고 직장 복음화에 생을 드린다. 이런 사역들을 통해 인격을 연마하고 영성을 쌓다가 대략 40대 후반, 50대 초 정도에 직장에서 퇴직한다.

재정이 준비되어 더 직장 일을 하지 않아도 될 때, 제자 삼는 일에 전적으로 뛰어든다. 이때 재정 대안은 대략 80-85세까지 산다고 가정하고 퇴직금과 연금을 계산해 그 재정에 맞춰 어느 정도 가난하게 살 각오를 하면 된다.

가능하면 중국이나 제3세계에 나가서 선교사를 도와 영혼을 구원하는 일을 하거나 아니면 독자적으로 선교 사역을 한다. 예를 들어, 대학교 앞에 조그마한 카페를 열어서 학생들을 만나 친구로 삼으며 복음을 전하면 된다. 단, 이럴 때 돈 벌 생각은 아예 처음부터 포기하는 게 낫다.

2) 영적 일거리

외국에 나갈 수 없는 상황이라면, 50대나 60대가 되어 은퇴한 후 풀타임으로 매일 지하철 입구나 버스 터미널, 혹은 교회 근처에 나가 복음을 전할 뿐 아니라 교회의 여러 가지 일을 하면 된다. 직장인보다 시간이 좀 더 확보되었으니 더 큰 책임감을 느끼고 중보 기도를 많이 할 수 있다. 이외에 인터넷, 트위터, 페이스북 등을 사용하여 기독교를 소개하거나 믿음과 신앙의 댓글을 다는 일, 혹은 은사를 사용해 교회를 섬기거나 글과 그림을 통해 전도지나 좋은 책을 만드는 일, 상처받거나 고민하는 이들을 상담하거나 장애우를 위해 봉사하는 일 등등 그야말로 여러 방식으로 많은 일을 할 수 있다. 아무튼, 은퇴한 후 시골에 가서 멍멍이를 키우고 텃밭을 가꾸고 등산을 다니며 한가하게 살 게 아니라 매일 영혼 구원을 위해 일하는 하나님 나라의 직장인으로 취직하라.

이단인 신천지나 여호와의 증인들이 사람들을 끌어들이려고 밥만 먹고 종일 전도하며 사람들을 미혹하는 모습을 보면 어떤 생각이 드는가? 잘못된 것을 믿고 전하며 소망 없는 열심을 내는 그들 이단보다 진리와 영생을 가진 우리 그리스도인들이 더 열심을 내야 하는 게 당연하지 않은가! 사실 우리는 영적 일거리가 없을 때 타락하기 쉬운 존재이다. 이런 영적인 일들이야말로 남을 구원하기에 앞서 먼저 우리 영혼을 영적인 잠에서 깨우고 성화시키는 데 필수적인 활동이라 하겠다.

맺는말

　우리는 이 사명을 감당하기 위하여 자기의 생을 아까워하지 말아야 한다.

　가장 존귀하고 높으신 우리 주님도 나를 위해 생을 아까워하지 않고 내주셨는데, 겨우 내 생을 가지고 아까워한다는 게 말이 되는가!

　우리는 주위의 다른 불신자 친구들과는 길이 다르다. 그들처럼 살지 말자. 그들은 하늘로부터 아무런 사명 받지 못했지만, 우리는 제자 삼으라는 사명 받았다.

　또한, 주위에 사명을 잃어버리고 세상에 취해 사는, 영적으로 잠자는 그리스도인들과도 다르게 살자. 그러므로 세상의 흐름, 주위 분위기에 끌려다녀서는 안 된다. 거대한 하나님 나라의 흐름을 보며 중국어와 영어, 자기의 전공으로 무엇을 하면서 이 땅에서 살아갈지 고민하고 준비해야 한다.

　직장인의 경우, 자신이 하는 일이 비전과 맞는 일이라면 계속하면 되겠지만, 그렇지 않다면 속히 자신이 원래 가야 할 길을 찾아 나서야 한다. 이것이 현 상황에서 하나님께서 우리에게 주신 사명이며 비전이다.

특히, 하나님께서는 중국을 들어 이슬람, 힌두교, 불교와의 큰 싸움을 계획하고 일하심이 거의 분명하므로, 우리는 깨어 근신하여 주님의 명령에 집중해야 한다.

직접 우리가 나서서 싸우는 것은 물론, 거대한 땅 중국의 자원과 잠재력을 보면서 중국 사람들에게 이 일을 부탁해야 한다.

그런데 이렇게 영적으로 긴박하고 비상한 상황 속에서도 영적 전투를 잊고 현재 생활에 안주해있는 목회자, 술에 인박인 장로와 집사, 교회를 떠나 방황하는 청년, 대학생, 미지근한 신자, 세상을 좇는 세속적 교인들이 갈수록 늘어나고 있다. 이 정도면 이미 이 땅에서 배부르며, 왕 노릇하는 분위기다. 간절한 회개가 없다면, 사실 한국 교회는 소망이 없어 보인다.

반면에 중국에는 지금도 복음을 위해 핍박 중인 지도자나 성도들이 많다. 오랫동안 박해를 견뎌내며 순교적 신앙을 지킨 성도들이라서 그들은 얼마든지 헌신된 일꾼으로 세계 복음화에 기여할 수 있다. 이미 한국 교회는 세계 선교의 주력 부대 자리를 상실한 듯하다.

이 정도의 영성을 가진 자들이 선봉에 서서는 세계와의 싸움에서 이길 수 없다. 이 싸움을 감당하기 위해서는 순교의 영성을 지닌 중국 성도들에게 우리 자리를 양보해야 할 수도 있다.

따라서 전체적인 복음의 흐름을 바라보면서, 또 중국 무대를 바라보면서 한국 교회는 움직여야 한다.

중국 성도들을 준비시키고 그들을 무장시켜서 우리와 함께 세계 끝까지 나가게 하자. 이 분명한 사명을 위해 모두 자리에서 일어나, 이 큰 싸움에 우리의 생을 바쳐 주님을 위해 힘껏 전진, 전투하자.

> 이에 제자들에게 이르시되 추수할 것은 많되 일꾼이 적으니 그러므로 추수하는 주인에게 청하여 추수할 일꾼들을 보내 주소서 하라 하시니라(마 9:37-38).

참고 문헌

김재영 편저, 『직업과 소명』 (서울: 한국기독학생회출판부, 1989).

박영덕, 『높아진 문화 명령 낮아진 복음 전도』 (서울: 생명의말씀사, 2006).

방선기, 『일상 생활의 신학1』 (서울: 도서출판 한세, 1999).

방선기, 『일상 생활의 신학2』 (서울: 도서출판 한세, 1999).

송인규, 『예배당 중심의 기독교를 탈피하라』 (서울: 한국기독학생회출판부, 2001).

손창남, 『직업과 선교』 (서울: 죠이선교회, 2012).

신국원, 『신국원의 문화이야기』 (서울: 한국기독학생회출판부, 2002).

오성춘 외, 『직업과 영성』 (서울: 장로회신학대학교출판부, 2001).

원용일, 『직장인이라면 다니엘처럼』 (서울: 도서출판 브니엘, 2009).

일상생활사역연구소, 『Seize Life 일상생활연구』 (IVF일상생활사역연구소, 2008-2016)

Banks, Robert, 『일상생활속의 그리스도인』 한화룡 역, (서울: 한국기독학생회출판부, 1994).

Base, Edward. Jr., 『특별한 소명』 김명렬 역, (멘토, 2002).

Brennfleck, Kevin & Kay Marie, 『소명찾기』 강선규 역, (서울: 한국기독학생회출판부, 2006).

Costa, Ken, 『일터의 하나님』 이은영 역, (서울: 서로사랑, 2010).

Danker, William. J., 『역사 속에서 본 비즈니스와 선교』 신대현 역, (서울: 도서출판 창조, 1999).

Diehl, William. E., 『월요일을 기다리는 사람들』 이종태 역, (서울: 한국기독학생회출판부, 1998).

Keller, Timothy, 『팀 켈러의 일과 영성』 최종훈 역, (서울: 두란노, 2013).

Guinness, Os, 『20대, 당신을 향한 소명』 홍병룡 역, (서울: 한국기독학생회출판부, 2003).

Labberton, Mark, 『제일소명』 하보영 역, (서울: 한국기독학생회, 2014).

Mattox, Robert, 『다르게 일하는 사람들』 독고엔 역, (서울: 도서출판 한세, 1993).

Patterson, Ben, 『그리스도인과 일』 신현기 역, (서울: 한국기독학생회출판부, 1994)

Smith, Gordon, T, 『소명과 용기』 조계광 역, (서울: 생명의말씀사, 2008).

Stoot, John, R, 『제자도』 김명희 역, (서울: 한국기독학생회출판부, 2010).

Stevens, Paul, R, 『현대인을 위한 영성』 박영민 역, (서울: 한국기독학생회, 1996).

Stevens, Paul, R, 『하나님의 사업을 꿈꾸는 CEO』 홍병룡 역, (서울: 한국기독학생회, 2009).

Stevens, Paul, R. & Alvin Ung, 『일 삶 구원』 김은홍 역, (서울: 한국기독학생회, 2011).

Tow Project, 『일하는 크리스천을 위한 사복음서 사도행전』 G&M글로벌문화재단 역, (서울: 두란노, 2017).

Yamamori, Tetsunao 외, 『직업 선교』 이득수 역, (서울: 한국기독학생회, 1991).